NOTICE

SUR LE BUT ET LES RÉSULTATS

DE L'ASSURANCE

CONTRE LES FAILLITES ET LES CESSATIONS DE PAYEMENT.

PROJET DE STATUTS

DE LA SOCIÉTÉ

LA PROSPÉRITÉ UNIVERSELLE,

POUR FAIRE SUITE

A un Ouvrage d'Économie politique intitulé :

DES DESTINÉES DE LA FRANCE

au point de vue de la Prévoyance, du Crédit et du Travail national.

PAR POTTIER-GRUSON,

Ancien Négociant, Auteur de plusieurs ouvrages relatifs au Commerce.

PRIX : 50 CENT.

A PARIS,

CHEZ L'AUTEUR, 8, BOULEVARD DU TEMPLE.

1852

NOTICE

SUR LE BUT ET LES RÉSULTATS

DE L'ASSURANCE CONTRE LES FAILLITES

ET LES CESSATIONS DE PAYEMENT.

Paris. — Imprimé par E. Thunot et Ce, rue Racine, 26.

NOTICE

SUR LE BUT ET LES RÉSULTATS

DE L'ASSURANCE

CONTRE LES FAILLITES ET LES CESSATIONS DE PAYEMENT.

PROJET DE STATUTS

DE LA SOCIÉTÉ

LA PROSPÉRITÉ UNIVERSELLE,

POUR FAIRE SUITE

A un Ouvrage d'Économie politique intitulé :

DES DESTINÉES DE LA FRANCE

au point de vue de la Prévoyance, du Crédit et du
Travail national.

PAR POTTIER-GRUSON,

Ancien Négociant, Auteur de plusieurs ouvrages relatifs au Commerce.

PRIX : **50 CENT.**

A PARIS,

CHEZ L'AUTEUR, 3, BOULEVARD DU TEMPLE.

1852

Messieurs les Souscripteurs qui croiraient avoir des observations à faire sur les règles émises dans les Statuts ci-joints, sont priés dans un intérêt commun, de vouloir bien les communiquer au Directeur général, qui les soumettra au Jury administratif.

————

Messieurs les Assurés recevront les renseignements ou la réponse à leurs observations, au moyen du journal mensuel de la Compagnie, de manière à faire profiter tous les Sociétaires de la solution des questions qui pourraient offrir quelque intérêt.

————

Les lettres doivent être adressées *franco*, au Directeur général ; elles peuvent être aussi remises aux Agents de la Compagnie.

AVANT-PROPOS.

Dans un ouvrage d'économie politique, que nous avons publié sous ce titre : Des destinées de la France au point de vue de la prévoyance, du crédit et du travail national, nous avons émis un plan que nous croyons complet, concernant le crédit pour toutes les classes de commerçants, et la prévoyance, principalement pour les artisans qui vivent d'un travail manuel et journalier, que nous citons ici comme devant influer sur le crédit. Ce plan comprend des modifications essentielles à apporter au système financier, industriel et agricole en usage, qui, étant adoptées, permettront, selon nous, à la confiance de se développer davantage, et aux transactions commerciales de se multiplier sans danger pour les intérêts généraux et particuliers.

Parmi les combinaisons dont nous proposons l'application, l'assurance mutuelle contre les faillites est celle que nous mettons en première ligne des améliorations à introduire dans les intérêts commerciaux , en ce que, selon nous, elle doit être à l'avenir la base du crédit , par la garantie positive que la mutualité assure aux capitaux.

C'est pour mettre cette idée conservatrice en pratique , et solliciter en même temps les adhésions de Messieurs les industriels et les négociants, que nous publions les statuts de la Société *la Prospérité Universelle*.

Nous avons voulu donner à ces statuts assez de développements pour qu'ils soient bien compris de tous, et que les renseignements qu'on a besoin d'y puiser, ne soient pas douteux. Nous conseillons cependant, à ceux de nos lecteurs qui n'auraient pas notre livre, de vouloir bien en prendre connaissance , afin de se persuader de toute l'importance qu'il y a , pour le présent comme pour l'avenir, d'accréditer les principes que nous avons émis sur le crédit , afin d'en assurer le succès.

Enfin , comme l'autorisation du gouvernement peut être très-profitable à la prospérité de notre Société d'assurance , nous réclamons ici , avec d'autant plus d'instance , l'appui du commerce , que c'est suivant le nombre des adhésions réalisées que nous obtiendrons plus facilement le concours de l'État.

NOTICE

SUR LE BUT ET LES RÉSULTATS

DE L'ASSURANCE CONTRE LES FAILLITES

ET LES CESSATIONS DE PAYEMENT.

Ce que la nation recherche avec une persévérance soutenue pour agrandir ses destinées ; ce qu'il lui importe d'obtenir dans toutes les relations, et surtout dans les transactions commerciales, c'est la confiance : la confiance, car là est le germe, la cause principale de la prospérité qui, à son tour, par le bien-être qu'elle procure, devient la base d'une civilisation éclairée. Cette conséquence est toute naturelle, en ce que l'homme, lorsque ses besoins les plus pressants sont satisfaits, est mieux disposé à recevoir l'empreinte du génie, que le progrès des lumières développe et rend plus populaire.

La confiance procède particulièrement de la stabilité qu'un gouvernement loyal, aimé et fort promet au pays ; mais elle résulte aussi de la bonne organisation du crédit, de la garantie morale et matérielle qu'offrent les commerçants ; car, quelle que soit d'ailleurs la prospérité actuelle, si, par la faillite, le vendeur ou le prêteur peut craindre la perte de son capital, il arrivera forcé-

1.

ment que le négociant et le capitaliste restreindront l'importance de leur crédit; que l'industriel ne donnera pas à sa fabrication tout l'élan qu'il pourrait lui faire prendre s'il croyait pouvoir agir avec toute sécurité.

Ce doute que le commerçant éprouve, relativement à la solvabilité de ses clients, n'est pas toujours sérieux et ne provient, le plus souvent, que du défaut de renseignements dont il a besoin pour commencer de nouvelles affaires ou pour les continuer avec prudence. Cependant, par une espèce de contradiction qui démontre bien toute la faiblesse de l'esprit de l'homme, la confiance parfois devient aveugle, s'égare, et protégeant par le crédit des individus indignes d'en jouir, non-seulement cause du trouble dans la société par la fausse concurrence qu'elle provoque, mais encore amène des désastres nombreux, des ruines qui s'enfantent les unes les autres, et propagent ainsi les conséquences fâcheuses de la faillite.

L'assurance contre les faillites, ainsi que nous l'avons organisée, peut apporter à cette situation de notables améliorations. En effet, en étouffant dans leur foyer, par le remboursement immédiat des sinistres, les résultats de la faillite, l'assurance limite les dangers du commerce à ceux qu'offre naturellement la spéculation.

De plus, la mutualité étant combinée de manière que tous les intérêts soient également protégés, que les *affaires soldées à courts délais*, en espèces ou en papier fait, puissent être encouragées par l'allégement de la prime d'assurance [1], et que chacun ne paye qu'en raison des chances qu'il est présumé faire courir à ses associés, la mutualité, disons-nous, doit être tout à fait salutaire

---

[1] V. art. 45.

dans son application : elle doit activer considérablement les affaires, donner plus de suite à la production, et rendre le crédit assez solide pour que, désormais, les secousses politiques n'aient plus qu'une faible influence sur les relations commerciales.

Enfin, outre le profit relatif que l'assurance peut produire, et la sécurité qu'elle donnera nécessairement, elle doit devenir la base, le point de départ de la régénération du crédit ; car, en facilitant la création de nouvelles institutions financières, la mutualité permet, d'après nos calculs, d'établir :

1° L'escompte des valeurs de commerce sur une organisation plus libérale : la négociation étant appuyée sur l'aval de garantie que les conditions de l'assurance offrent à l'escompteur (V. notre ouvrage, 1er vol., ch. IV, p. 243) ;

2° La commandite industrielle d'après un nouveau mode, qu'une société centrale mettrait en pratique : la propriété et la mutualité devenant la caution obligée des sommes engagées ainsi dans l'industrie (1er vol., ch. V, p. 256) ;

3° L'exportation des produits nationaux sur une vaste échelle, ainsi qu'une société spéciale pour agrandir et activer le commerce avec l'Algérie, de manière à augmenter le plus possible le travail de nos manufactures (2e vol.) ;

4° L'amortissement de la dette publique, dans un temps déterminé et au moyen d'une somme unique, cette somme devant produire constamment de nouveaux intérêts et les cumuler ; si elle est, comme nous le proposons, confiée à l'agriculture par le crédit foncier ; à l'industrie et au commerce à l'aide de la mutualité et des diverses institutions que nous venons de citer et dont nous avons parlé dans la seconde partie de notre ouvrage.

Une telle organisation, en assurant ainsi des ressources

considérables , toujours croissantes , aux différentes branches de la richesse publique , offre à ceux qui y participent un égal intérêt, et les engage à accepter les bienfaits de la mutualité; en ce que, multipliant les relations intérieures et extérieures par la garantie inaliénable qu'elle procure, elle doit devenir incontestablement la source d'une immense prospérité. Enfin, si nos lecteurs examinent l'avantage qu'il y a pour le commerçant de ne plus se préoccuper des affaires litigieuses de sa maison, la tranquillité d'esprit et la sécurité qui doivent résulter de cette nouvelle combinaison, ils ne balanceront pas à encourager nos efforts, soit en prenant part à l'administration de la Société, soit seulement en y participant à titre de sociétaire.

Si l'on compare notre projet avec les divers établissements connus, on verra que la différence est immense : l'institution que nous désirons établir garantit d'une manière positive et satisfaisante la moralité commerciale ainsi que le remboursement des sinistres; elle limite, d'après les usages admis dans le commerce, le crédit des acheteurs, suivant les chances qu'entend courir la compagnie d'assurance ; et, en donnant à l'avance aux assurés des renseignements précis, dont elle répond, sur la solvabilité des commerçants qui peuvent devenir leurs débiteurs, elle rend la tâche des sociétaires plus facile et leur permet d'agir avec connaissance de cause, relativement aux engagements qu'ils ont contractés avec la mutualité. Les autres compagnies, au contraire, en classant les assurés d'après leur propre crédit et les chances présumées qu'offrent leurs genres d'affaires, commettent une erreur de principe qui rend les travaux administratifs de ces sociétés moins laborieux, il est vrai, mais qui, en les engageant à grouper ensemble, pour ne faire payer qu'une même prime, tous les acheteurs d'une même série, empêche de distinguer les différences qui existent dans la solvabilité de chacun d'eux, et par là, encourage les opérations chanceuses, toujours préjudiciables au commerce. La marche des deux principes est donc complétement opposée et doit aboutir à des résultats bien différents. En effet, l'un assure un lien commun, profitable aux associés et à la prospérité générale, tandis que l'autre, laissant subsister l'individualité, et n'offrant qu'une garantie éventuelle, par la limite étroite du remboursement que ces compagnies, en certaines circonstances, se réservent la faculté de repousser, ne donne pas une satisfaction assez complète pour encourager les commerçants à s'enrôler sous une même bannière.

La Société *la Prospérité Universelle*, qui est le but de nos travaux, a encore pour avantage incontestable de pouvoir accepter indistinctement tous les commerçants qui veulent être assurés, sans contrôle et surtout sans enquête préalable, tandis que cette faculté n'est pas loisible à nos devanciers, en ce qu'ils disent baser leur acceptation sur la prudence, la moralité reconnue du négociant, et pouvoir bannir de leurs sociétés ceux qui auraient été assez malheureux pour subir des pertes trop réitérées. De plus, comme il est positif qu'il n'y a pas un de leurs assurés, dans quelque catégorie que nous le prenions, qui n'éprouve, dans le cours de l'année, des faillites pour une somme bien supérieure à celle que doit former le maximum de la prime réclamée par ces compagnies, que, par cette raison, le remboursement n'est jamais certain, il résulte que, pour le négociant qui s'est engagé, il n'y a réellement pas assurance.

Nous avons voulu éviter un tel inconvénient et offrir à nos sociétaires une sécurité complète pour le remboursement des sinistres, en élevant le maximum de la participation à la mutualité à *trois pour cent* du chiffre des affaires assurées.

Au premier aperçu et pour certaines maisons de commerce, l'éventualité d'une cotisation aussi importante peut paraître exagérée et devenir un obstacle qui les empêche de contracter l'assurance. Mais si elles considèrent que ce chiffre peut s'abaisser ou s'élever suivant la classification des risques, qu'il ne doit être en quelque sorte que nominal, le versement effectif n'étant que de *un pour cent*, et les pertes ne s'élevant en général qu'à un demi, un ou deux pour cent au plus, elles pourront se convaincre que cette prime souscrite ne sera, en réalité, qu'un gage de sécurité pour les temps de crise tout à fait exceptionnels. La confiance qu'une telle réserve doit inspirer sera nécessairement la cause de transactions nombreuses, dont les profits seront plus qu'une compensation à la chance que les associés auront consenti à courir, afin d'appuyer les relations sur une caution tout à fait imposante pour les droits des vendeurs, des prêteurs et surtout des tiers porteurs.

Nous terminons ces observations par une dernière considération dont nous voudrions que l'assurance acceptât le principe : c'est que, tout en reposant sur l'intérêt, la pensée qui réunit les commerçants en société mutuelle pour se garantir des chances de pertes, doit cependant être aussi philanthropique que possible, et empreinte du désir de protéger ceux de ses membres tombés dans le malheur. Selon nous une telle réunion d'intérêts le peut sans danger ; et, si l'on considère que l'infortune qui accable aujourd'hui les uns peut demain atteindre les autres, que dans le commerce il n'y a pas de probité si bien assise, de crédit si florissant qui ne puisse courir des chances de ruine et par conséquent celle de la faillite, il est probable que tous les commerçants accepteront avec bonheur, l'espoir que l'honnêteté, le malheur reconnu trouvera dans la mutualité une protection bienveillante, et si cela se peut, une aide favorable, au moyen de la commandite [1], afin d'empêcher la ruine totale des sociétaires devenus au-dessous de leurs affaires par une de ces causes fortuites, souvent en dehors de notre volonté et de nos prévisions.

Mais si une protection doit, suivant nous, être acquise au malheur, en revanche, par sa puissance, la solidarité doit empêcher la fraude et permettre qu'on la poursuive sous toutes les formes qu'elle emprunte pour se déguiser. Elle ne doit pas vouloir que par une tactique coupable la fourberie triomphe de la confiance abusée; et, soit en France, soit à l'étranger, elle doit employer toutes ses ressources pour en faire punir les auteurs.

La faculté que la compagnie aura d'en agir ainsi, au moyen de ses nombreux agents et de la centralisation des intérêts commerciaux, ajoutera bien certainement encore aux causes de prospérité que peut donner, par l'assurance, l'extension du crédit.

Nous espérons donc, d'après les principes que nous venons de déduire, que l'assurance contre les faillites sera comprise à son véritable point de vue d'utilité, et que ne pouvant apporter aucune entrave dans le commerce ni léser aucun intérêt, elle deviendra le point d'appui sur lequel reposeront désormais tous les intérêts commerciaux.

1. Voir art. 7.

Elle sera aussi un bienfait social, par les avantages qu'elle doit procurer soit en diminuant le nombre des sinistres et les frais judiciaires toujours si ruineux pour ceux qui les subissent, soit en augmentant les deniers de l'impôt, et en en facilitant la rentrée par l'activité qu'elle imprimera forcément à la circulation de toutes les richesses nationales.

C'est ce qui nous permet de dire que, par son influence, la mutualité doit commander à la confiance et empêcher désormais les fluctuations du crédit; qu'elle peut changer la face des affaires, en permettant à la fabrication d'établir des relations plus directes avec la consommation intérieure et extérieure; que dès lors le titre *la Prospérité Universelle*, que nous avons donné à la Compagnie, est bien justifié, qu'il représente avec vérité l'avenir brillant que l'assurance contre les faillites, ainsi comprise, promet au pays.

LA
PROSPÉRITÉ UNIVERSELLE,

SOCIÉTÉ MUTUELLE D'ASSURANCE

CONTRE LES FAILLITES ET LES CESSATIONS DE PAYEMENT

DÉCLARÉES

TANT EN FRANCE QUE DANS LES COLONIES ET A L'ÉTRANGER.

PROJET DE STATUTS.

TITRE Iᵉʳ.

CHAPITRE PREMIER.

CRÉATION DE LA SOCIÉTÉ ET DISPOSITIONS GÉNÉRALES.

Art. 1ᵉʳ. De la création de la Société. — 2. But de la Société. — 3. Durée et siége de la Société.

ART. 1ᵉʳ. Par les présentes, il est formé une Société universelle d'assurance mutuelle contre les faillites et les cessations de payements, qui peuvent avoir lieu en France, dans les colonies et à l'étranger;

Entre MM. les banquiers, les industriels, les négociants français et étrangers, et les personnes particulières, étrangères au commerce, qui désireront en faire partie, d'une part,

Et M. Pottier-Gruson, ancien négociant, fondateur, d'autre part : pour toutes les affaires faites avec des *commerçants établis* en France ; et avec ceux qui ont leurs domiciles à l'*étranger*, aussitôt qu'il aura été possible à l'administration d'y établir des agents pour la représenter.

Art. 2. La Société, en se constituant, a pour objet principal :

1° De rembourser, au moyen d'un fonds de réserve, aux associés ou aux tiers porteurs des titres de créance, et aussitôt que la validité en aura pu être constatée, les sommes soumises à l'assurance, comprises dans les faillites ou les cessations de payements, toutefois s'il est reconnu que la déclaration en a été faite avec sincérité dans les états mensuels (V. art. 12, 16, 39, et cnap. IX) ;

2° De répartir au marc le franc, sur l'ensemble des assurés, les sinistres survenus pendant le semestre (V. chap. VII, art. 43);

3° De suivre toutes les affaires litigieuses provenant de l'assurance, et d'en effectuer la liquidation au profit des sociétaires qui auront contribué au remboursement des sommes assurées (V. chap. X);

4° Enfin, elle pourra aussi seconder ceux des sociétaires au-dessous de leurs affaires, qui offriront certaines garanties, soit par le crédit que l'assurance doit nécessairement procurer, soit à l'aide d'un fonds de commandite formé par la compagnie. (V. art. 7.)

Art. 3. Le maximum de la durée de la Société est fixé à *quatre-vingt-dix-neuf ans*, terme le plus long que permette la loi.

Elle commencera ses opérations et prendra date aussitôt que *vingt-cinq millions* d'assurances seront réalisés. Descendue au-dessous de ce chiffre, la Société pourra être dissoute, et la liquidation prononcée, à la majorité des voix, par le jury administratif régulièrement consulté. (V. art. 58 et suivants.).

4. Le siége de la Société est établi à Paris, provisoirement, 3, boulevard du Temple.

5. Il sera établi dans tous les principaux centres industriels et de commerce, des agences principales, qui mettront les provinces en rapport avec la direction générale de la Société. (V. art. 76 et suivants.)

—o◉o—

DISPOSITIONS GÉNÉRALES.

—

Art. 6. De l'acte d'acquiescement; des poursuites à exercer contre les débiteurs, et des délais pour l'envoi des titres de créance. — 7. Des principes de la compagnie et d'un fonds de commandite. — 8. Des bases de la mutualité. — 9. De l'époque à laquelle sera arrêté le chiffre des sinistres; des découverts antérieurs à l'assurance; etc. — 10. Des avantages qu'il doit résulter de la qualité d'assuré. — 11. — 12. Des contraventions par suite de fausses déclarations, etc. — 13. Comment le sociétaire peut être libéré régulièrement envers la Société. — 14. De l'époque à laquelle les adhésions seront définitives.

Art. **6.** L'acte d'acquiescement aux statuts oblige les assurés à observer toutes les règles et conditions que lesdits statuts renferment. (V. art. 27.)

De plus, les assurés s'engagent, par les présentes, à se désister, d'une manière absolue, de tous les droits de poursuite que la loi accorde contre les débiteurs commerciaux insolvables: la Société étant seule chargée d'opérer toutes les liquidations. A cet effet, les sociétaires enverront spontanément, ou, au plus tard, *dix jours* après la demande qui leur en sera faite, leurs titres de créance, accompagnés d'un relevé de compte des affaires faites

2

depuis deux ans, s'ils sont dans la compagnie depuis cette époque, ainsi que les procurations nécessaires pour demander la mise en faillite du débiteur, ou, s'il y a lieu, pour consentir avec lui un arrangement amiable.

7. Les principes de la compagnie sont de clore les affaires litigieuses, autant que cela sera possible, par des concordats amiables avec ou sans caution; et, dans un double but d'intérêt et de philanthropie, le jury administratif pourra autoriser l'administration à former un fonds particulier de commandite, ayant uniquement pour objet de secourir ceux des sociétaires devenus au-dessous de leurs affaires, susceptibles de revenir à meilleure fortune; et qui, en se conformant à certaines prescriptions administratives, pourraient offrir à la compagnie des garanties qui justifient cette faveur.

Ce fonds de commandite divisé en actions, provenant et des intérêts du capital de réserve et d'une partie des dividendes résultant des liquidations, dont le jury administratif déterminerait l'importance, appartiendrait aux sociétaires, ainsi que les bénéfices, suivant la part à laquelle chacun d'eux aurait droit.

8. Les bases de la mutualité reposent sur l'universalité des affaires à terme de l'assuré. La déclaration en sera faite chaque mois, au moyen d'un état spécial contenant toutes les indications nécessaires pour établir d'une manière régulière la répartition des sinistres. (V. art. 16.)

9. Le chiffre des sinistres sera arrêté chaque mois, de manière que les nouveaux adhérents ne participent pas aux pertes éprouvées antérieurement à leur entrée dans la Société.

Le sociétaire pourra cependant, s'il le désire, soumettre au bénéfice de l'assurance les découverts dont il sera créancier au moment de son entrée dans la compagnie. (V. art. 33.)

A titre d'acheteur, il sera engagé à se faire assurer

contre l'incendie et les risques de mer, s'il y a lieu : cette prudence étant une garantie essentielle pour la compagnie d'assurance contre les faillites.

10. La qualité d'assuré, devant être aussi favorable, suivant nous, pour déterminer la préférence des acheteurs à l'égard du sociétaire que pour étendre son crédit, celui-ci pourra, dans ses intérêts, indiquer sur tous les titres de sa gestion commerciale sa qualité d'assuré de la Société *la Prospérité Universelle*. Cette mesure sera facilitée par l'administration, qui délivrera à ceux qui le désireront des traites avec le timbre de la Société.

11. La Société mutuelle protége également les intérêts de tous les sociétaires, mais les bienfaits de l'assurance ne doivent jamais devenir pour l'assuré un motif de spéculation ou de bénéfices, soit par la déclaration d'affaires imaginaires, soit par l'augmentation du chiffre de celles qui auraient été régulièrement faites.

12. S'il y avait contravention de la part du sociétaire à cette condition expresse du contrat d'assurance, celui qui s'en rendrait coupable pourrait perdre tous ses droits au remboursement en cas de faillite de la part de son débiteur ; et si la fraude n'existait que sur l'état mensuel, en vue d'être allégé d'une partie de la prime d'assurance, le conseil général aurait, sans appel, le pouvoir de lui infliger une amende, qui serait perçue au profit du fonds social. (V. art. 39.)

13. Le sociétaire ne sera libéré envers la Société, de toutes les sommes dont il est débiteur, que s'il les a acquittées régulièrement, contre un mandat de l'administration et entre les mains de qui de droit, c'est-à-dire, du banquier de la Société, et non entre celles des agents.

14. Les adhésions actuelles sont consenties provisoirement. Elles n'auront d'effet que lorsque la Société sera définitivement constituée par une décision du jury administratif, délibérant ainsi qu'il est dit article 58, d'après les prescriptions de l'article *trois* des présents statuts.

-ο◉ο-

CHAPITRE II.

DES DEVOIRS DE L'ASSURÉ ENVERS LA SOCIÉTÉ.

—

Art. 15. De la comptabilité de l'assuré. — 16. Des déclarations mensuelles. — 17. De la vérification des déclarations du sociétaire. — 18. Des renseignements que l'assuré doit à la compagnie.

Art. **15.** La comptabilité des assurés devra être tenue en partie double, suivant les exigences de la loi, et, autant que possible, pour plus de régularité, d'après un mode uniforme qui sera indiqué par l'administration.

16. La déclaration des opérations à terme, soumises à l'assurance, quels que soient leurs délais, doit être faite mensuellement sur un état dont le modèle sera remis par la direction. Elle pourra être envoyée sous pli à l'administration, si le sociétaire le juge convenable, pour n'être vérifiée que lors d'une faillite dont l'état comprend la somme, ou lors de la liquidation du semestre courant. (V. art. 8.)

Cette déclaration sera remise le 25 de chaque mois, et relatera : 1° le nom et le domicile de l'acheteur ; 2° les conditions de la vente ; 3° la catégorie à laquelle il appartient ; 4° la somme réelle de l'opération, et dans une colonne spéciale, l'importance de celle que doit former la classification du risque. (V. chap. VII.)

Les déclarations mensuelles seront récapitulées sur un état général, que l'assuré remettra tous les six mois pour servir à établir la liquidation du semestre.

Les mêmes formalités seront suivies pour les demandes

de renouvellement et de débet, concernant la faveur accordée aux prompts-payements. (Art. 45.)

17. Le sociétaire, afin de donner une garantie de moralité sérieuse à ses associés, autorise, par les présentes, le directeur général à faire vérifier sur ses livres, par des inspecteurs que le conseil général aura accrédités, les déclarations qu'il aura faites, dans une proportion de *une* à *dix*, des affaires assurées.

Si par cette inspection il était reconnu qu'il y eût fraude de la part de l'assuré, cette vérification serait poussée aussi loin que le conseil d'administration le jugerait convenable dans l'intérêt de la vérité. Dans cette circonstance, ainsi qu'il a été dit, une amende pourrait être infligée au sociétaire. (V. art. 12.)

18. L'assuré doit à la compagnie, dans un intérêt commun, tous les renseignements qu'il est en son pouvoir de lui donner sur la solvabilité des commerçants, quels qu'ils soient, ainsi que sur les circonstances qui peuvent modifier leur crédit.

Cette communication peut être faite directement à l'administration centrale, ou par l'intermédiaire des agents de la Société, toutefois avec toute la discrétion dont de tels renseignements ont besoin d'être entourés, afin de ne causer, dans le public, aucun préjudice à celui qui en est l'objet.

La Société doit donc être avisée immédiatement de toute cessation de payements, c'est-à-dire, des particularités qui indiquent qu'un commerçant ne fait plus honneur à ses engagements, afin que l'administration puisse prendre toutes les mesures conservatrices indispensables aux intérêts de la Société.

—o✦o—

CHAPITRE III.

DU FONDS SOCIAL DE RÉSERVE OU DE GARANTIE.

—

Art. 19. De la formation du fonds social; comment et où il sera versé. — 20. Comment le fonds social sera complété. — 21. De la dérogation en faveur des maisons qui font plus de *deux cent mille francs* d'affaires. — 22. A quoi sert le fonds social. — 23. De la propriété du fonds social.

Art. **19**. Pour former le fonds social, de garantie ou de réserve, chaque assuré, par son acte d'adhésion aux statuts, souscrit envers la mutualité un maximum de garantie s'élevant à *trois pour cent* du montant de ses affaires annuelles, ramené à la somme sur laquelle sera calculée la répartition des sinistres. (V. ch. VII.)

L'exécution de ce contrat sera réalisée ainsi qu'il suit :

1° Par un versement immédiat en espèces de *un pour cent* ;

2° Par un engagement conventionnel de *deux pour cent*, dont l'importance, qui est la limite de la solidarité entre les associés, sera tenue, par chaque sociétaire, à la disposition de la compagnie, pour parer aux circonstances exceptionnelles.

Pour les banquiers, relativement à l'assurance de leurs valeurs négociables et à la fixation de la limite du fonds de réserve, une décision particulière sera prise à l'égard de chacun d'eux par le conseil général.

20. Le fonds social sera complété d'une manière effective, si le jury administratif en décide, au moyen d'une retenue faite, chaque année, sur les sommes appartenant aux sociétaires, et provenant de la liquidation des sinistres. (V. art. 52.)

21. Pour les maisons de commerce qui opèrent annuellement plus de *deux cent mille francs* d'affaires, le versement en espèces du fonds de réserve, au lieu d'être, comme il vient d'être dit, de *un pour cent*, sera fixé aux *deux tiers* de leurs pertes annuelles, prenant pour base la moyenne de celles qu'elles ont éprouvées pendant les *cinq* dernières années avant leur entrée dans la Société. Toutefois, ce versement ne pourra être moindre de *deux mille francs*.

Si, d'après ce mode, la moyenne des pertes ne peut pas être constatée d'une manière satisfaisante, c'est le conseil général qui en connaîtra.

22. La réalisation du fonds social a pour objet de garantir aux assurés le remboursement immédiat de leurs créances impayées ; et ces capitaux servent à en faire les avances jusqu'à ce que la répartition des pertes soit effectuée, ainsi que cela est expliqué au chapitre 7, art. 43 et suivants.

Art. **23.** Le fonds de réserve demeure constamment la propriété de l'assuré. Il doit lui être remboursé en quittant la compagnie, et aussitôt que la liquidation de toutes les affaires sociales auxquelles il aura participé sera opérée.

-·o◉o-·

CHAPITRE IV.

DES CAPITAUX ET DE LEUR MODE DE PLACEMENT.

—

Art. 24. Comment seront placés les capitaux du fonds social.—25. Par qui seront faites les recettes et les dépenses, et à quelles conditions. —26. Les capitaux porteront intérêts.

Art. **24.** Les fonds de la Société seront placés à la

banque des travailleurs et dans toutes les succursales de
cette institution, qui est au nombre des créations indi-
quées dans notre ouvrage comme étant une des améliorations à apporter au crédit commercial.

Jusqu'à ce que cet établissement soit définitivement
créé, des banquiers particuliers, accrédités par le conseil général, en feront l'office; et, dans ce cas, les capitaux placés seront garantis par l'assurance contre les
faillites, dont les présents statuts ont pour but l'organisation.

Art. **25.** Les banquiers de la compagnie, moyennant
une commission, feront les recettes et exécuteront les
payements, au moyen de mandats à ordre qui leur seront
remis, ou qui seront tirés sur leurs maisons par l'administration centrale (V. art. 86, § 2).

Art. **26.** Les capitaux porteront intérêt et leur muta-
tion sera l'objet de comptes courants, arrêtés tous les six
mois.

TITRE II.

CHAPITRE V.

DES FORMALITÉS ADMINISTRATIVES.

—

Art. 27. De l'acte d'adhésion et de sa durée. — 30. De la police d'assurance. — 34. Des renseignements que la Société doit à l'assuré.

Art. **27.** Les industriels, les négociants et même les
personnes non commerçantes, en s'assurant pour des
transactions d'intérêt qui doivent avoir lieu avec des

commerçants, s'engagent, par un acte d'adhésion aux statuts de la Société, et dès lors, en font partie (V. art. 6).

Art. **28**. La durée de l'engagement pour les commerçants est au moins de *cinq ans*, à partir de la date de la signature du contrat. Ce contrat ne peut être résilié avant l'expiration de ce délai, que si l'assuré quitte les affaires : une modification quelconque dans sa position commerciale ne pouvant le délier de ses obligations envers la mutualité.

Art. **29**. Pour les affaires isolées, de commerce ou de prêts espèces, contractées avec des commerçants, la durée de l'engagement pendant lequel l'assuré devra concourir aux charges de la mutualité sera au moins d'un exercice (six mois), lors même que la liquidation des affaires assurées aurait été faite dans l'intervalle des six mois.

Art. **30**. La police renferme les conditions sur lesquelles est fondée la mutualité.

Pour être régulière, elle doit être signée par le directeur général, et contre-signée par l'un des membres du conseil d'administration préposé à cet effet. Elle sera aussi revêtue du cachet de la Société et signée par l'agent principal de la localité où réside l'assuré à qui elle sera remise contre un reçu.

Art. **31**. Le sociétaire, en s'associant à une autre personne, et par là, en modifiant son existence commerciale, doit renouveler sa police d'assurance, qui doit toujours être au nom de la raison sociale de l'assuré, afin d'éviter, dans l'avenir, toute contestation avec l'administration.

Art. **32**. La police d'assurance, signée dans le cours d'un mois, n'aura d'effet qu'à compter du premier du mois suivant, et si les conditions relatives au fonds de réserve ont été exécutées par le nouveau sociétaire.

Art. **33**. Elle pourra comprendre les affaires faites antérieurement. Ses effets seront alors rétroactifs, et l'assuré concourra aux chances de la mutualité, à compter du quatrième mois précédent, terme ordinaire de crédit fixé par l'assurance, à moins qu'il en soit décidé autrement par le conseil général.

Art. 34. Afin de donner à l'assuré les moyens de se conformer aux règles établies, et d'arriver à fonder la mutualité d'une manière avantageuse et équitable pour tous les assurés, l'administration, en délivrant la police d'assurance, remettra au sociétaire un répertoire mobile, comprenant tous les commerçants avec lesquels il est susceptible d'entrer en relations d'affaires. A chaque nom de ce répertoire, seront indiqués les renseignements qui le concernent et qui doivent guider l'assuré dans ses relations commerciales. Par ce mode administratif, le sociétaire connaîtra d'une manière exacte la catégorie dans laquelle ses acheteurs sont placés et le crédit qu'il peut leur accorder sans danger pour lui, c'est-à-dire la somme que la compagnie, en cas de faillite, consent à rembourser, et passé laquelle le vendeur devient son propre assureur.

—o◉o—

CHAPITRE VI.

DE LA NATURE DES AFFAIRES SUSCEPTIBLES D'ÊTRE ADMISES A L'ASSURANCE,

—

Art. 35. Des ventes de marchandises — 36. Observations relatives aux affaires exceptionnelles. — 37. Des ventes faites à des commerçants non inscrits sur les listes de renseignements. — 38 et 39. Des prêts espèces faits à des commerçants. — 40. Des découverts des banquiers, et des valeurs de commerce non assurées.

Art. 35. Toutes les ventes de marchandises, quelle qu'en soit la nature ou l'espèce, peuvent être admises à l'assurance, jusqu'à concurrence de la somme de crédit dont répond la compagnie, somme qui est consignée sur la liste de renseignements remise aux assurés par l'administration.

36. Cependant, dans chaque localité, les conseils d'administration auront la faculté d'autoriser certaines affaires exceptionnelles, telles que ventes de machines, soldes de marchandises, etc., dépassant le crédit courant, et de les recevoir à l'assurance, suivant la bonne opinion qu'ils auront de l'acheteur ou de la caution qu'il offrira.

Cette autorisation, signée par deux membres du conseil, étrangers au commerce de celui qui la demande, sera, pour la régularité, consignée sur le registre des délibérations.

37. Les transactions consenties avec des commerçants qui ne seraient pas encore inscrits sur les listes de renseignements, pourront cependant être assurées, si, avant la remise des états mensuels, le créancier réclame la classification de son débiteur.

38. Les *prêts espèces* faits à des commerçants, à *l'intérêt simple* et à une échéance que la Société jugera être convenable, pourront également être admises aux bénéfices de l'assurance, en ce que les capitaux, ainsi versés dans le commerce, doivent nécessairement avoir pour résultat de faciliter les affaires et de rendre plus solvables, pendant qu'elles les possèdent, les maisons qui contractent ces emprunts.

Toutefois, les risques de ce genre devront être autorisés par le conseil général pour que la garantie de l'assurance soit valable. Étant acceptés, ils jouiront d'un avantage sur la classification ordinaire, afin d'alléger la prime qui doit être payée deux fois par année, jusqu'à l'époque du remboursement de la somme prêtée.

39. Si, comme cela a déjà été dit article 12, le prêteur avait fait une fausse déclaration, et qu'au lieu d'un prêt simple il eût déclaré une somme engagée dans une commandite, cette fraude étant reconnue, ferait perdre à l'assuré, en cas de faillite de la part du débiteur, tout recours contre la Société d'assurance, soit pour le capital, soit pour le montant des sommes qu'il aurait pu payer à titre de prime.

40. Les découverts des banquiers avec leurs clients et la négociation des valeurs de commerce, dont la provision existe par suite de ventes faites à terme, pourront aussi être acceptés à l'assurance. A cet effet, comme ces dernières valeurs offrent une double garantie, celles du tireur et du tiré, ou sont revêtues de plusieurs signatures, pour faciliter les opérations de la compagnie avec la banque en général, une moyenne, pour le classement en une seule catégorie, pourra être la base de l'assurance, suivant qu'il en sera décidé par le conseil général.

—◦◉◦—

CHAPITRE VII.

DU CLASSEMENT DES RISQUES ET DE LA RÉPARTITION DES SINISTRES.

Art. **41.** Pour classer tous les risques auxquels est exposé le commerce à terme, *neuf catégories ascendantes* sont formées.

42. La *première catégorie* a pour base et point de départ l'*unité*, c'est-à-dire la somme réelle de la vente assurée. Les catégories suivantes s'élèvent chacune de *vingt-*

cinq unités, de telle sorte que, dans la répartition des charges de l'assurance, les ventes faites à des débiteurs moins bien connus feront supporter à l'assuré une prime qui compensera les chances que les crédits qu'il accorde font courir à la Société.

D'après ces principes, pour une affaire de *cent francs*, faite avec un commerçant classé dans la

```
1re catégorie, le vendeur payera  sur 100 francs
2me   dito          dito         sur 125   »
3me   dito          dito         sur 150   »
4me   dito          dito         sur 175   »
5me   dito          dito         sur 200   »
6me   dito          dito         sur 225   »
7me   dito          dito         sur 250   »
8me   dito          dito         sur 275   »
9me   dito          dito         sur 300   »
```

Ainsi, une vente de *six cents francs*, classée dans la 3ᵉ catégorie, par exemple, comptera, lors de la répartition des sinistres, pour *neuf cents francs*; dans la 5ᵉ, à *douze cents francs*, etc. ; ce qui élèvera la prime d'une manière proportionnelle, et servira ainsi à établir le chiffre de la cotisation que doit payer chaque assuré relativement aux affaires qu'il aura faites.

43. La répartition des sinistres sur tous les sociétaires, au prorata du chiffre de leurs affaires, classées comme il vient d'être dit, sera faite tous les six mois et à des époques fixes. Cet appel de fonds aura lieu pour compléter la réserve dont les capitaux auront servi à rembourser les sommes assurées et compromises dans les faillites.

—o◑o—

CHAPITRE VIII.

DES LIMITES DU DÉLAI DE CRÉDIT.

—

Art. 44. Des limites du délai de crédit. — 45. Des prompts-payements. Du renouvellement.

Art. **44**. Pour que la prime d'assurance puisse être établie sur des données certaines et équitables, la compagnie prend pour *terme de crédit* celui qui est le plus en usage, c'est-à-dire *trois à quatre mois*, délai après lequel la somme assurée devra être portée de nouveau sur les états mensuels, et dès lors payera une nouvelle prime d'assurance si la vente a été faite à une plus longue échéance.

45. Les affaires soldées en espèces ou en papier fait avant l'expiration du crédit, et dans les deux mois de la date de la facture, etc., jouiront d'une bonification relative sur la classification première des sommes assurées. Cette mesure est conséquente en ce que les chances de risques diminuent en raison de la promptitude du payement, de la valeur du papier avec lequel il est effectué, valeur qui s'accroît par le nombre de signatures dont les effets de commerce sont revêtus.

La graduation de la bonification à accorder sera de :

Douze et demi, vingt-cinq, cinquante, ou *soixante-quinze* pour *cent;* ce qui réduira à *vingt-cinq francs* le capital de la première catégorie, s'il a droit de jouir du dernier degré de bonification (75 p. 100). Ainsi, d'après le calcul que nous venons d'établir, toutes les sommes soumises à l'assurance payeront une prime, quelque faible qu'elle soit; ce qui est rationnel, car un crédit, ne fût-il que d'un jour, est toujours un risque pour la compagnie.

Art. **46.** Le sociétaire, s'il juge qu'il n'y a pas danger pour la compagnie, pourra consentir à son débiteur le *renouvellement* d'une créance échue, sans qu'il soit besoin d'en aviser l'administration.

Ce renouvellement sera porté sur les états mensuels au même titre qu'une affaire nouvelle. (V. art. 16.)

Un *second renouvellement* ne pourra avoir lieu que s'il a été autorisé par le conseil d'administration du lieu où réside le sociétaire.

—o◈o—

CHAPITRE IX.

DU REMBOURSEMENT DES SINISTRES.

—

Art. 47. Du remboursement, et de l'époque jusqu'à laquelle l'assuré reste caution des sommes remboursées. — 48. De la limite du remboursement, et des droits de la Société en cas d'insuffisance du fonds social. — 48. A qui doit être fait le remboursement des sinistres.

Art. **47.** L'indemnité à laquelle le sociétaire aura droit sera acquittée aussitôt que ses titres de créance auront pu être reconnus et vérifiés conformes.

Toutefois, bien qu'étant soldé, le sociétaire, jusqu'à liquidation parfaite du sinistre, et de l'exercice annuel, restera la caution de l'indemnité qu'il aura reçue. Cette mesure est nécessaire, en ce que, jusqu'à cette époque la Société doit conserver la faculté de s'assurer qu'il n'y a eu aucune espèce de fraude dans les déclarations de l'as-

suré, ou que l'importance de la limite du fonds social a
été suffisante. (V. art. 12, 39, et 48, § 4)

48. Pour qu'il n'y ait pas spéculation de la part du sociétaire, l'indemnité ne doit représenter que le capital
engagé, et non les bénéfices faits sur la vente assurée;
dès lors, comme il arrive toujours que les bénéfices sont
d'autant plus élevés que l'acheteur est reconnu moins
solvable, nous établissons, pour le remboursement, un
ordre inverse à celui de la prime, en diminuant graduellement l'indemnité de 2 1/2 p. 100, à partir de la *première
catégorie*, à laquelle nous faisons subir une perte de 5
p. 100. (V. art. 42.)

C'est ainsi que pour les sommes classées dans la

1re catégorie, les assurés ne recevront que 95 p. 100 de leur créance.

2me	dito	dito	dito	que 92 1/2	dito.
3me	dito	dito	dito	que 90	dito.
4me	dito	dito	dito	que 87 1/2	dito.
5me	dito	dito	dito	que 85	dito.
6me	dito	dito	dito	que 82 1/2	dito.
7me	dito	dito	dito	que 80	dito.
8me	dito	dito	dito	que 77 1/2	dito.
9me	dito	dito	dito	que 75	dito.

et conserveront par là un intérêt positif à se lier d'affaires
de préférence avec de bonnes maisons.

Si, par suite d'une perturbation financière, impossible à
prévoir, les ressources du fonds social, d'après les limites
posées à la mutualité à l'article 19, n'étaient pas suffisantes
pour rembourser tous les sinistres de l'année, le déficit
serait porté au compte des assurés, au prorata des indemnités qu'ils auraient obtenues.

49. Le remboursement sera fait directement à l'assuré,
aux opposants ou aux tiers porteurs régulièrement nantis
d'une valeur de commerce impayée, dont la provision aura
été assurée par la compagnie, sans qu'il soit besoin de
formalité. (V. art. 25.)

CHAPITRE X.

DE LA LIQUIDATION DES SINISTRES.

—

Art. 50. Par qui est faite la liquidation des sinistres. — 52. De la propriété des dividendes. — 53. De la comptabilité pour arriver à la liquidation des sinistres. — 54. Des mesures prises lors de la déclaration d'une faillite ou d'une cessation de payement. — 55. De la banqueroute frauduleuse. — 56. Des frais de liquidation.

Art. 50. La liquidation des sinistres est opérée par les agents de la compagnie, sous la surveillance des conseils d'administration de chaque localité.

51. C'est le conseil général qui décide, en dernier ressort, quels sont les arrangements à prendre ou les poursuites à exercer. (V. art. 69.)

52. Les capitaux provenant des sinistres reviennent de droit à ceux des sociétaires qui ont contribué, par leurs cotisations, à en faciliter le remboursement aux assurés. (V. art. 22 et 43.)

53. Pour garantir aux sociétaires une juste répartition des capitaux provenant des dividendes, à la fin de chaque semestre, un compte spécial sera ouvert pour recevoir et les sommes payées par les assurés à titre de cotisations semestrielles, et celles des sinistres remboursés, dont l'administration doit faire la liquidation, afin d'en porter les résultats au compte de chaque sociétaire, suivant la participation qu'il aura dû prendre aux divers remboursements.

54. La chute totale d'une maison de commerce étant presque toujours préjudiciable à ses créanciers, la compagnie ne déclarera en faillite les débiteurs insolvables, qu'autant qu'elle reconnaîtra qu'il y a eu fraude ou que cette mesure conservatrice est nécessaire à la garantie de ses intérêts. Aussitôt la cessation de payements connue, elle proposera au commerçant qui se trouve dans cette position, un cogérant qui, tout en suivant les opérations journalières du commerce de ce débiteur, établira sa position financière, afin de savoir si la Société doit le déclarer en faillite, faire liquider son actif, ou lui accorder un arrangement amiable qui lui permette de continuer ses affaires. Dans ce dernier cas et jusqu'au payement complet des dividendes, l'administration conservera la surveillance des opérations commerciales de ses débiteurs, afin de garantir d'une manière complète l'exécution des arrangements qu'elle leur aura consentis. (V. art. 7.)

55. Lorsque la faillite aura dû être déclarée, qu'on reconnaîtra qu'il y a eu fraude dans la gestion d'un débiteur, la Société, au point de vue de la moralité et au moyen de ses immenses ressources, en poursuivra la réparation soit en France, soit à l'étranger, par toutes les voies de droit que la loi accorde en cette circonstance.

56. Tous les frais extraordinaires, judiciaires et de liquidation, seront portés au débit de chaque compte semestriel auquel ils appartiendront. Ceux de cogérance et de surveillance, dont il vient d'être parlé, seront à la charge des commerçants qui les occasionneront. (V. art. 86.)

TITRE III.

DE L'ADMINISTRATION EN GÉNÉRAL.

-o◉o-

CHAPITRE XI.

DE L'ORGANISATION ADMINISTRATIVE DE LA SOCIÉTÉ.

Art. **57**. L'administration de la Société *la Prospérité Universelle* a pour élément principal un *Jury administratif* dont font partie de droit tous les assurés, quel que soit d'ailleurs le lieu de leur résidence.

L'administration générale est représentée :

1° Par un *conseil général* qui décide en dernier ressort de toutes les affaires journalières ;

2° Par un *conseil d'administration* qui a pour mission de suivre et de contresigner tous les actes de la gestion ;

3° Par un *Conseil du contentieux*, formé d'hommes spéciaux, pour diriger les affaires litigieuses ;

4° Enfin, par un *Directeur général*, ayant la gestion exclusive de la Société, et, concurremment avec les divers conseils, l'initiative pour la proposition de toutes les délibérations à prendre dans l'intérêt de la Société.

En province elle est dirigée :

1° Par des *Conseils d'administration* formés dans tous les principaux centres industriels et de commerce. (V. art. 76) ;

2° Par des *Sous-directeurs* ou des *Agents* nommés par la Société suivant l'importance des localités.

3° Des *Inspecteurs généraux*, accrédités par le Conseil général, compléteront cet ensemble administratif et soront chargés de la surveillance de tout ce qui se rapporte aux intérêts de la Société.

CHAPITRE XII.

DU JURY ADMINISTRATIF ET DE SES ATTRIBUTIONS.

Art. 58. Du jury administratif. — 59. Époques auxquelles il s'assemble ; quel est l'objet de ses réunions. — 60. Comment les convocations sont faites. — 61. Formalités pour se faire représenter à l'assemblée· — 63. Des convocations extraordinaires. — 64. De la nomination du président. — 65. De l'inscription sur le registre des délibérations. — 66. De la faculté qu'aura le jury de voter des remercîments, etc.

Art. **58.** Le Jury administratif représente l'universalité des associés. Il ne délibère qu'étant réuni en Assemblée générale, et chacune de ses décisions engage tous les sociétaires.

59. Le jury s'assemble régulièrement chaque année, *vingt jours* après la liquidation des sinistres, appartenant au second semestre. Il est convoqué par les soins de la gérance, et d'après une décision du Conseil général ; ou à défaut, sur l'avis seul de l'une de ces deux autorités administratives,

La réunion annuelle des assurés a pour objet :

1° De clore toutes les écritures de l'année ;

2° D'entendre le rapport du Conseil général sur les résultats de toutes les affaires qui auront été soumises à ses délibérations ;

Ainsi que celui du directeur-gérant sur la marche et les progrès de la Société ;

3° De nommer ou de renouveler le Conseil général, dont les membres sont toujours rééligibles ;

4° De reviser les statuts, s'il y a lieu, sur la proposition qui lui en sera faite par le Conseil général, le directeur de la Société, ou par une réunion de dix sociétaires au moins, qui exprimeront leur vœu par un mémoire explicatif, adressé au Conseil général huit jours, au plus tard, après la convocation du jury.

60. La convocation du jury administratif a lieu par une insertion dans deux des journaux les plus répandus de la capitale, à deux reprises différentes et à trois jours d'intervalle.

Elle pourra aussi être faite par le journal-bulletin de la Compagnie. (V. art. 91 § 3.)

61. Les sociétaires des départements pourront se faire représenter par leurs coïntéressés, sans que chacun de ces derniers puisse réunir plus de *trois voix* dans les délibérations, afin de ne pas donner, en certains cas, trop de prépondérance aux assurés qui chercheraient à l'obtenir.

La direction représente également les sociétaires étrangers dans l'assemblée générale.

62. Les lettres de procuration dont seront porteurs les fondés de pouvoir, devront être présentées à la gérance, au moins trois jours à l'avance, pour y être revêtues, après vérification, du cachet de la Société.

63. Le jury pourra être convoqué extraordinairement dans les formes ordinaires, par l'initiative du Conseil général ou du directeur de la Société. Le motif de la réunion devra alors être précisé, et il n'y aura de résolution à prendre que sur l'objet mis en délibération.

64. Le jury nomme, lors de chaque assemblée, son président et deux secrétaires. Ses décisions sont rendues à la simple majorité des voix, et, s'il y a partage, le vote du président détermine la majorité.

Il se constitue en assemblée générale quel que soit le nombre des membres qui composent la réunion.

65. Toutes les décisions du jury seront consignées sur

le registre des délibératious de la compagnie. Elles seront signées par le président et les secrétaires, par cinq membres présents et le directeur général : c'est sous cette forme seule qu'elles sont obligatoires pour tous.

66. Le jury administratif aura la faculté de voter, au nom de la Société, des remercîments ou des récompenses, à titre d'encouragement, en faveur des sociétaires qui se seront distingués par leur bonne volonté, par leur zèle pour les intérêts de la Société, ainsi que pour reconnaître les services rendus par les agents salariés qui auront bien mérité de la compagnie.

~○Φ○~

CHAPITRE XIII.

DU CONSEIL GÉNÉRAL ET D'ADMINISTRATION.

—

Art. 67. De la nomination des membres du conseil ; de leur nombre. — 68. De la nomination des présidents et des secrétaires ; du cas de décès ou de la démission de l'un des membres. — 69. Des fonctions du conseil général. — 70. Comment il se subdivise pour l'expédition des affaires.—71. Des membres délégués pour former le conseil d'administration ; de la faculté qu'il a de recevoir dans son sein des négociants retirés des affaires, etc. — 72. Des époques auxquelles il s'assemble, et de l'ordre de ses délibérations. — 73. Des décisions et de leur exécution.

ART. **67.** Le conseil général est nommé chaque année par le jury administratif réuni en assemblée générale.

Il est composé de *quinze membres* au moins et de *cinquante au plus*, suivant l'accroissement progressif des travaux de la compagnie.

Les membres du conseil général sont indéfiniment rééligibles.

68. Le conseil général nomme, en se constituant, *trois présidents* avec le titre de 1er, 2° et 3°, ainsi que *trois secrétaires*, dont les fonctions durent jusqu'au renouvellement du conseil.

En cas de démission ou de décès de l'un de ses membres, il procédera immédiatement, par adjonction, au remplacement du défunt ou du démissionnaire.

69. Les fonctions du conseil général se rattachent à toutes les décisions à prendre dans les intérêts de la Société. Ainsi, les listes de renseignements, les déclarations de faillites, les poursuites à exercer, les concordats amiables à accorder, etc., font partie de ses attributions.

Il autorise également les remboursements à faire aux assurés, et décide dans les contestations qui pourraient s'élever pour tout ce qui est relatif au but de la compagnie.

70. Le conseil général se subdivise en commissions pour l'étude de ses travaux; et, pour assurer une impartialité plus grande dans ses décisions, les membres chargés de l'examen d'une affaire seront toujours d'un commerce différent de celui de l'assuré ou du failli mis en cause : un négociant de la même partie ne peut être entendu que pour fournir des renseignements.

71. Le conseil général, pour s'assurer de la bonne exécution du service journalier, délègue *cinq* de ses membres, dont la réunion prend le titre de conseil d'administration.

Il accrédite les membres du conseil du contentieux, les inspecteurs généraux et les agents qui ont pour principale mission de vérifier les déclarations mensuelles des assurés.

Enfin, il surveille toute l'administration départementale; et, pour l'exécution de ses travaux, il peut recevoir dans son sein, à titre gratuit ou onéreux, des négociants, des jurisconsultes ou des officiers ministériels retirés des affaires, que le jury administratif jugerait nécessaire d'y introduire dans l'intérêt de la compagnie.

72. Le conseil général s'assemble régulièrement et à des époques fixes, sans convocation préalable, ainsi qu'il en décidera; et s'assemblera extraordinairement, en cas d'urgence, sur l'avis de l'un des présidents ou du conseil d'administration.

Ses décisions sont prises à la majorité des voix, et sont régulières lorsque neuf membres y ont pris part. Quand il y a partage, la voix du président est prépondérante.

Elles sont consignées sur le registre des délibérations de la Société, soit entièrement, soit par extraits. Dans ce dernier cas, le procès-verbal de la séance sera déposé dans les archives de la compagnie.

73. Les délibérations du conseil général, pour être valablement mises à exécution, doivent être signées par le président, le secrétaire, et par deux membres présents.

DU CONSEIL D'ADMINISTRATION AU SIÉGE DE LA SOCIÉTÉ.

—

Art. 74. Du nombre des membres formant le conseil; du mode de procéder et de la mission du conseil. — 75. De la responsabilité des membres du conseil général ou d'administration.

ART. **74.** Le conseil d'administration, délégué par le conseil général, est composé de *cinq membres*, dont les pouvoirs peuvent être révoqués par une simple décision.

Il procède individuellement ou collectivement, suivant les besoins du service, et a pour mission :

1° De surveiller, jour par jour, les détails de la gestion administrative de la Société;

2° De contre-signer tous les actes de la gérance;

3° D'étudier, de concert avec le directeur général, toutes les affaires susceptibles d'être soumises aux divers conseils, et de convoquer, au besoin, extraordinairement le conseil général.

75. Les membres du conseil général ou d'administration ne sont jamais responsables de leurs actes administratifs quels qu'en soient les résultats, et, dès lors, ne peuvent être incriminés qu'autant qu'il serait reconnu qu'il existe des actes frauduleux dans leur participation à la gestion de la compagnie.

DES CONSEILS D'ADMINISTRATION DANS LES DÉPARTEMENTS.

Art. 76. Comment les conseils sont établis et quand ils s'assemblent; des convocations extraordinaires. — 77. Du nombre des membres délégués. — 78. Jusqu'où s'étend l'action des conseils. — 79. Avec qui les conseils correspondent. — 80 De la mission des conseils de département. — 81. A quelle majorité sont prises les décisions et à qui elles sont soumises. — 82. Des colonies et de l'étranger. — 83. Des instructions particulières.

Art. **76.** Les conseils d'administration dans les départements seront établis dans chaque centre industriel ou de commerce, et auront pour membres tous les assurés de leur localité.

Ils s'assemblent régulièrement chaque année pour nommer leurs présidents et leurs secrétaires, dont les fonctions durent toute l'année, ainsi que des délégués pour suivre les affaires journalières de la Société.

Les conseils d'administration peuvent être convoqués extraordinairement ou par leurs délégués, ou par les agents de la compagnie sur l'avis du directeur général.

77. Le nombre des membres délégués chargés de représenter le conseil d'administration est en raison des besoins de la localité. Ils sont toujours rééligibles.

78. L'action du conseil d'administration d'une localité principale, s'étend à toutes les communes de son arrondissement qui n'auraient pas assez d'assurés pour que ceux-ci pussent former convenablement un conseil d'administration.

79. Chaque conseil, en particulier, correspond avec l'administration centrale, ou directement, ou par l'entremise de l'agent de la Société.

80. Les conseils d'administration de département ont pour mission spéciale :

1° De surveiller l'exactitude des listes de renseignements ;

2° De prendre immédiatement les mesures nécessaires contre tous les commerçants en cessation de payements, et d'en donner avis à la direction générale ;

3° De suivre, dans les intérêts de la Société, toutes les affaires litigieuses, de concert avec les agents de l'administration (V. art. 5) ;

4° De contre-signer toutes les propositions faites par les représentants de la compagnie concernant leur mission administrative.

81. Toutes les décisions des conseils d'administration dans les départements seront prises à la simple majorité des voix, et consignées sur un registre spécial. Elles doivent être soumises au conseil général et recevoir son approbation pour être valablement exécutées.

82. Cette organisation sera la même pour les colonies et pour l'étranger.

83. Des instructions particulières et détaillées, émanant de l'administration centrale, feront connaître avec précision aux membres des conseils d'administration des départements, la marche à suivre, en toute circonstance, pour arriver à une bonne administration des intérêts de la compagnie.

CHAPITRE XIV.

DE LA GÉRANCE.

—

Art. 84. Du titre et de la mission du gérant. — 85. Quand le gérant a voix consultative. — 86. Des pouvoirs du gérant. — 87. De sa responsabilité et de la faculté qu'il a de s'adjoindre un cogérant. — 88. Qui est reconnu directeur général.

Art. 84. Le gérant de la compagnie a le titre de directeur général.

Il doit tous ses soins à la prospérité de la Société, et surveille l'exacte application des conditions de l'assurance renfermées dans les présents statuts. A cet effet, il a la direction générale et la responsabilité des travaux administratifs, ainsi que l'initiative pour la présentation au conseil général, de toutes les mesures à prendre dans l'intérêt de la Société.

C'est au nom du gérant seul que tous les rapports de la compagnie ont lieu, soit avec l'autorité ou les tribunaux, soit avec tous les membres sociétaires.

85. Le directeur général a voix consultative dans toutes les délibérations du conseil général, du jury administratif, etc., excepté, cependant, lorsque la délibération aura pour objet l'apurement de ses comptes.

86. Le directeur général nomme et révoque, sans contrôle, les employés, les agents de tous grades qui, tous, sont payés par lui. Il est chargé de tous les frais d'administration, qu'il acquitte moyennant une indemnité annuelle appelée prime administrative (V. art. 56 et 91).

Il surveille la rentrée des fonds et leur emploi, sans que jamais les capitaux passent par ses mains ; de cette manière, il n'en est que l'administrateur et non le dépositaire (V. art. 25).

87. Le gérant n'est responsable que de ses actes et non des obligations de la compagnie, à quelque titre que ce soit. Il ne peut être révoqué que pour cause de malversation, et si sa culpabilité est reconnue par les tribunaux.

Il est autorisé à s'adjoindre, sous sa responsabilité, un cogérant, qui, en cas d'absence, le remplacera en qualité de mandataire. La nomination de ce fondé de pouvoir devra obtenir l'assentiment du conseil général avant son entrée en fonction.

88. M. Pottier-Gruson, ancien négociant, est reconnu, par les présents statuts, directeur général de la Société *la Prospérité Universelle.*

DE LA RETRAITE DU GÉRANT.

—

Art. 89. Des droits du gérant et de ceux de ses héritiers. — 90. Des délais accordés pour la présentation d'un successeur et du recours en cas de résistance de la part du conseil général.

Art. **89.** Les droits du gérant, par rapport à l'emploi qu'il occupe, ne peuvent pas être mis en cause par le jury administratif. Créateur et organisateur de la Société, le directeur général, même en donnant sa démission volontairement, conserve la faculté de présenter son successeur à l'agrément du conseil général.

Cette même faveur est réservée aux héritiers ou ayants droit en cas de décès, toutefois sans qu'il puisse jamais leur être loisible, non plus qu'au gérant, d'arrêter la gestion de la Société, soit par l'apposition de scellés, soit par tout autre moyen.

Ils ont également le droit de se faire représenter pour suivre la liquidation du semestre courant et jusqu'à ce qu'il y ait, de la part du conseil général, apurement des comptes du gérant décédé.

90. Un délai de six mois est accordé pour remplir la formalité de présentation ; ce délai pourra être prolongé si le conseil général trouve cette prolongation nécessaire.

S'il y avait résistance ou mauvaise volonté de la part du conseil général, pour accepter un successeur par suite de démission ou de décès, à l'expiration du délai, les tribunaux compétents en décideraient.

DE LA PRIME ADMINISTRATIVE.

Art. 91. De la prime d'administration. — 92. Par qui elle est perçue. —93. De la prime par rapport aux affaires faites à l'étranger.

Art. **91.** Le directeur général, prenant à forfait, comme cela a déjà été dit art. 86, tous les frais qu'exigent l'organisation et la gestion de la Société, recevra à cet effet et annuellement, une prime de *cinquante centimes par mille francs assurés*, ramenés à l'importance de la somme sur laquelle sera calculée la répartition des sinistres, toutefois en n'ayant pas égard aux sommes admises en débet par suite des bonifications accordées pour prompts-payements. (V. art. 45.)

La prime d'administration dans tous les cas ne pourra pas être moindre de 25 fr.

3.

De plus le gérant aura droit à une légère rétribution, qui sera fixée ultérieurement, pour le coût et la délivrance des listes de renseignements, de la police, ainsi que d'un petit journal mensuel adressé aux assurés, en vue de les prévenir de l'établissement des nouveaux commerçants et des modifications de toute espèce qui peuvent survenir dans la Société.

92. Cette prime administrative n'entrant pas dans les comptes de la compagnie, n'est pas soumise au contrôle du conseil général. Elle sera perçue sous l'inspection seule du gérant, d'abord en souscrivant l'assurance, et pour les années suivantes, à compter de l'ouverture des opérations du premier semestre.

93. La prime administative, pour les affaires hors du territoire, sera fixée pour chaque pays en particulier, ou traitée à forfait avec les assurés suivant l'importance des affaires qui pourront être soumises à l'assurance et les difficultés que l'administration devra rencontrer pour y établir des agences.

—o◉o—

CHAPITRE XV.

DES DISCUSSIONS ENTRE L'ADMINISTRATION ET LES SOCIÉTAIRES.

—

Art. 94. Par qui sont jugées les difficultés entre les assurés et la compagnie, ou avec la gérance.

94. Toutes les difficultés qui peuvent survenir entre les sociétaires et la compagnie, ayant nécessairement lieu entre associés, seront jugées en dernier ressort, après avoir été soumises au conseil général, sans droit d'appel ou de recours en cassation, par *trois arbitres* au moins, *cinq ou sept* au plus, dont *six* seront nommés par les parties et le *septième* par les arbitres eux-mêmes, et cela sans frais s'ils sont choisis parmi les sociétaires de la compagnie.

Pour les différends qui pourraient s'élever avec la gérance relativement à la prime administrative, etc., ils seront jugés par les juges de paix, les tribunaux de commerce ou même des arbitres, suivant l'importance de l'affaire ou le consentement des parties.

DISPOSITIONS PARTICULIÈRES.

—

Art. 95. Par qui est faite la liquidation de la Société. — 97. Des modifications à apporter aux statuts et des droits du directeur général à cet égard.

Art. **95**. La LIQUIDATION de la Société, quelle que soit l'époque à laquelle elle aura lieu, sera suivie par le directeur gérant, sous la surveillance de trois membres délégués par le conseil général. (V. art. 3.)

Elle ne peut jamais avoir pour cause la retraite du gérant.

Art. **96**. Aucun changement ne peut être apporté aux présents statuts, que par suite d'une décision du jury administratif.

Cependant le directeur général a, par les présentes, tous les pouvoirs nécessaires pour solliciter l'autorisation du gouvernement, soit pour transformer la compagnie en société anonyme, soit pour accepter, s'il y a lieu, les modifications qui, étant exigées par l'État, seraient obligatoires pour tous les sociétaires, au même titre que celles qui pourraient être arrêtées par le jury administratif en assemblée générale des assurés. (V. ch. XII, art. 59, 4°.)

NOTA. — La direction se charge en France et à l'étranger, moyennant indemnité, de chercher à aplanir toutes les difficultés qui peuvent survenir dans les affaires, soit pour refus d'acceptation de traite ou de marchandises, soit pour toute autre question litigieuse qui pourrait mettre en péril les intérêts des assurés.

INSTITUTIONS COMPLÉMENTAIRES

A NOTRE SYSTÈME

D'ASSURANCE MUTUELLE CONTRE LES FAILLITES

DONT L'ORGANISATION

FERA L'OBJET DE STATUTS PARTICULIERS.

-o◉o-

C'est pour rappeler les principes que nous avons émis, sur le développement du crédit par la mutualité, que nous indiquons plus bas les institutions qui, plus tard, doivent servir de complément à notre système d'assurance sur les faillites.

Ces institutions ont matériellement un but différent de celui de la Société, *la Prospérité Universelle ;* mais, attendu la connexité des intérêts qu'elles sauvegardent, elles pourront être gérées par l'administration de cette compagnie, afin d'en alléger les frais d'exploitation, et en même temps de centraliser les moyens d'action, mesure toujours utile pour arriver à d'heureux résultats.

Ce sont :

1° Une association mutuelle entre les banquiers, et ceux-ci avec les particuliers :

Entre les banquiers, pour assurer les découverts chez leurs correspondants ;

Avec les particuliers, pour garantir, les placements de fonds faits chez les banquiers. (V. notre ouvrage, 2° partie, ch. III, page 239.)

2° Une Société mutuelle entre les marchands en détail :

Pour assurer les ventes faites aux consommateurs ;

Et pour arriver à créer un système de crédit qui facilite à cette classe de commerçants la négociation de leurs créances assurées. (V. 2e partie, ch. VIII, pages 308 et 316.)

3° Assurance mutuelle entre les femmes mariées sous le régime de la communauté, pour garantir leurs dots contre les chances de la faillite, ou de pertes reconnues, si le mari n'est pas dans les affaires. (V. notre ouvrage, 2e partie, ch. IX, page 319 ; et page 7 de cette notice, pour les institutions qui peuvent être établies par suite de la création de l'assurance contre les faillites.)

TABLE DES MATIÈRES.

PROJETS DE STATUTS.

TITRE Iᵉʳ. — CHAPITRE Iᵉʳ.

CHAPITRE II.

CHAPITRE III.

CHAPITRE IV.

TITRE II. — CHAPITRE V.

CHAPITRE VI.

Pages

CHAPITRE VII.

CHAPITRE VIII.

CHAPITRE IX.

CHAPITRE X.

TITRE III. — DE L'ADMINISTRATION EN GÉNÉRAL.

CHAPITRE XI.

CHAPITRE XII.

CHAPITRE XIII.

CHAPITRE XIV.

DE LA GÉRANCE.

CHAPITRE XV.

PARIS. — IMPRIMÉ PAR E. THUNOT ET Cie,
26, rue Racine, près l'Odéon.